AF390612

Vente du Lundi 23 Novembre 1867

ÉMAUX CLOISONNÉS

DU JAPON ET DE CHINE

OBJETS D'ÉTAGÈRE

Exposition publique le Dimanche 22 Décembre 1867

Me CHARLES PILLET,
COMMISSAIRE-PRISEUR
11, rue de Choiseul

M. FEBVRE,
EXPERT
rue Laffite, 12.

1867

CATALOGUE

DE TRÈS-BEAUX

ÉMAUX CLOISONNÉS

DU JAPON & DE LA CHINE

Jades ; Cristaux de roche ;
Laques ; Bronzes ; Porcelaines ; Meubles chinois en laque
et émail cloisonné ; Tentures, etc.

DONT LA VENTE AUX ENCHÈRES PUBLIQUES AURA LIEU

HOTEL DROUOT, Salle N° 5

Le Lundi 23 Décembre 1867

A DEUX HEURES.

~~~~~~~~~~~~~~~~~~~~~~~~~~~~~~~~~~~~~

Par le ministère de Mᵉ CHARLES **PILLET**, Commissaire-Priseur,
11, rue de Choiseul,
Assisté de **M. FEBVRE**, Expert, 12, rue Laffitte.

Chez lesquels se trouve le Catalogue.

~~~~~~~~~~~~~~~~~~~~~~~~~~~~~~~~~~~~~

EXPOSITION PUBLIQUE

Le Dimanche 22 Décembre 1867, de une heure à cinq heures

CONDITIONS DE LA VENTE

Elle sera faite au comptant.

Les adjudicataires payeront *cinq pour cent* en sus des enchères.

L'exposition mettant le public à même de se rendre compte de l'état des tableaux, il ne sera admis aucune réclamation une fois l'adjudication prononcée.

1003. — Imprimerie de Pillet fils aîné, rue des Grands-Augustins, 5.

DÉSIGNATION DES OBJETS

EMAUX CLOISONNÉS DU JAPON

1 — Plusieurs vases et coupes en émail cloisonné du **Japon**, de la plus grande pureté.

Seront divisés.

EMAUX CLOISONNÉS DE CHINE

2 — Une paire de jardinières en émail cloisonné, décor de fleurs et rinceaux sur fond turquoise.

3 — Très-beau vase de grande dimension, ayant la forme d'une potiche à panse renversée. Riche décor en émaux variés de fleurs et de feuillages entourant des rosaces, où se débattent des dragons.

4 — Statuette de jongleur portant sur sa tête une coupe formant jardinière ; cette figurine repose sur une terrasse mobile. Le tout en émail cloisonné sur fond turquoise.

5 — Vase de forme élevée et à quatre pans. Le haut et le bas avec trois ceintures; décor de fleurs en tons variés sur fond turquoise.

6 — Brûle-parfums de forme ovale et lobée. Il repose sur quatre pieds à trompes d'éléphants ; riche décor de raies de cœurs et de fleurs sur fond turquoise; couvercle repercé à jour, sur lequel est un éléphant couché.

7 — Belle bouteille, beau décor avec accessoires, quadrilles et fleurs en émaux variés sur turquoise.

8 — Très-beau bol en émail de Fo-Kien. Cette charmante pièce, de forme octogone, est ornée, à l'extérieur, de médaillons de fleurs et de personnages chinois; à l'intérieur, de quatre frises et de rosaces sur émail blanc.

9 — Deux charmantes boîtes rondes de forme contournées ; beau décor de vagues et de caractères chinois, sur fond turquoise.

10 — Bol orné à l'extérieur, sur fond turquoise, de cinq frises diverses; la plus grande avec fleurs de chrysanthèmes.

11 — Boîte ronde à couvercle, entièrement émaillée, décor de rosaces et de frises fleuries, bouton en cornaline.

12 — Petite jardinière de forme évasée, reposant sur trois pieds en bronze doré; à l'extérieur et à l'intérieur, des frises de fleurs.

13 — Boîte à collier, le milieu à jour; riche décor en émaux de couleurs de salamandres et de caractères chinois.

14 — Grand bol en émail de Fo-Kien. A l'intérieur, neuf frises, la plus large avec course de chevaux ; à l'extérieur, sept autres frises variées.

15 — Charmant petit brûle-parfums avec ceintures et frise
repercée en bronze doré, anses à S ; le couvercle est surmonté d'une chimère ; décor de fleurs sur fond turquoise.

16 — Petite boîte ronde à couvercle, ornée de pâquerettes.

17 — Petit brûle-parfums, partie bronze doré, partie émaillée ;
le couvercle à jour avec bouton en cornaline ; il est
supporté par trois pieds élevés en bronze.

18 — Petite bouteille à col élevé, décor de feuilles d'eau, de
palmettes et de fleurs sur turquoise.

19 — Petit brûle-parfums sur trois pieds, en bronze ; décor en
émaux variés de palmettes et de marguerites sur turquoise.

20 — Petite théière à contours lobés ; décor de grecques en noir
sur bleu.

21 — Petit Tyng à arêtes saillantes ; partie bronze et partie
émaillée.

21 *bis* — Petite boîte du Japon en argent émaillé.

22 — Petite boîte à couvercle charmant, cloisonné avec rosace rouge corail.

23 — Grand vase ovoïde en émail bleu de Hou-Chow,
rehaussé en or de caractères chinois et d'emblèmes.

JADES

24 — Grand vase à couvercle, forme potiche, entouré de deux frises sculptées représentant des rinceaux avec les emblèmes de la Vigilance; anses à anneaux mobiles retenus par des trompes d'éléphants.

25 — Grande coupe à couvercle, le bord orné de raies de cœurs sculptées, le couvercle à jour, bouton, une rosace entourée de quatre sceptres retenant des anneaux mobiles.

26 — Coupe de forme ovale, anses formées par des salamandres; autour de la coupe et au-dessous sont en relief des rinceaux et des feuillages.

27 — Vase en jade vert translucide, ayant la forme d'un Hermès; socle attenant hexagone, orné de grecques. Ce vase est enrichi de figures gravées sur fond quadrillé.

28 — Vide-poche en jade blanc, moucheté de jaune; anses formées par deux fleurs en relief. Sur le bord de la coupe sont en relief une branche de pêcher et une chauve-souris.

29 — Deux grandes coupes en jade vert translucide, très-finement évidées.

30 — Petite jardinière de forme ronde en jade gris veiné de brun. Elle repose sur trois boutons attenants. Anses à têtes de tigres.

31 — Deux grandes coupes très-finement évidées, en jade blanc.

32 — Deux coupes, forme gobelets, en jades vert translucide, moucheté.

33 — Coupe de forme basse, en jade impérial, à bord demi-rond.

34 — Petit vase de forme élégante et à panse aplatie, en jade jaune miel, entouré de ceintures de grecques.

35 — Deux coupes évasées de forme basse, en jade blanc.

36 — Petit vase à panse aplatie, entouré de quatre frises de grecques, d'emblèmes et de feuilles de marguerites; anses à S, à jour.

37 — Coupe ronde formant une feuille de lotus sculptée en relief.

38 — Vide-poche, le dessus avec cordelière sculptée en relief; anses formées par des fleurs.

39 — Bol à couvercle, en jade impérial. Le couvercle surmonté d'une plate-bande.

40 — Petite coupe, les anses à jour, offrant des branches et des fleurs de pêcher.

41 — Deux petites tasses en jade blanc laiteux.

42 — Petite coupe évasée à couvercle, en jade vert translucide, moucheté.

43 — Petite boîte en jade blanc; le couvercle avec rosace et ornements sculptés en relief.

44 — Petite coupe avec ceinture emblématique; anses à têtes de lions.

45 — Coupe basse, à bord contourné, reposant sur un socle en jade vert.

46 — Petite boîte à couvercle, ayant la forme d'une courge; sur le couvercle est une salamandre en relief.

47 — Petite coupe carrée se rétrécissant à la base; ceinture avec grecques gravées, anses prises dans la masse.

48 — Petite boîte à couvercle, en jade verdâtre.

49 — Charmante petite coupe très-finement évidée, ayant la forme d'une feuille; anses formées par des branches à jour.

50 — Petite tasse, avec anses à jour ; ceinture avec clous en relief.

51 — Petite tasse entourée de branchages en relief. Elle a la forme d'une moitié de courge.

52 — Petite tasse en jade blanc; une seule anse prise dans la masse.

53 — Petit flacon à panse aplatie, en jade vert impérial ; bouchon en cornaline.

CRISTAUX DE ROCHE & MATIÈRES DURES

54 — Très-grand vase en cristal de roche; il est contourné et de forme hexagone; anses en relief formées par deux salamandres; couvercle surmonté d'une chimère accroupie.

55 — Boîte carrée à couvercle, en cristal de roche. L'intérieur avec des bandes saillantes laissant le fond en retrait.

56 — Belle coupe à couvercle en lapis-lazuli; le tour avec frises d'yeux de pélicans, anses à volutes.

57 — Coupe en agate orientale, anses avec salamandres sculptées en relief.

57 *bis* — Une autre ayant la forme d'une feuille.

58 — Très-petit flacon à odeur, en agate orientale onyx; sur la panse, sont en relief des canards dans un paysage.

59 — Autre flacon, même nature que le précédent; la panse ornée en relief de personnages chinois.

60 — Une amulette en améthyste, très-belle matière.

LAQUES

61 — Grande et belle boîte carrée, à couvercle laque avanturiné; sur le couvercle et autour sont, en or de divers tons, des éventails et des fleurs.

62 — Très-beau plateau rectangulaire, à coins arrondis; fond avanturiné sur lequel se détachent, en or divers, un paysage avec cours d'eau et des collines.

63 — Belle boîte à dentelles, de forme carrée; sur le couvercle, en or en relief, sont des pâquerettes et des galeries de bambous.

64 — Jolie boîte à couvercle, de forme haute et rectangulaire; les côtés et le couvercle richement décorés de paysages et de figures or sur fond avanturiné.

65 — Boîte à couvercle, de forme carrée, très-belle qualité, avec décor en or en relief sur le couvercle et à l'intérieur deux paysages avec cours d'eau.

66 — Jolie boîte carrée à deux compartiments, laque or mat rehaussé de fleurs variées.

67 — Autre petite boîte, à deux compartiments, en laque or, ornée de paysages.

68 — Boîte à couvercle et à tiroirs, ornée en or de quadrilles et de courges sur fond noir.

69 — Boîte carrée à couvercle, ornée d'armoiries or sur fond avanturiné.

70 — Grande boîte ronde, de forme basse, ornée sur le couvercle de fougères et d'un pêcher en or sur fond avanturiné.

71 — Plateau rectangulaire à coins arrondis, en laque noir piqué d'or et orné de cinq rosaces à feuillages or.

72 — Boîte à gants, avec couvercle à fond avanturiné, sur lequel se détachent en or des feuillages, des fleurs et des fruits.

73 — Boîte rectangulaire, le tour en laque or; sur le couvercle avanturiné est un médaillon en or bruni représentant un éléphant.

74 — Petite boîte, laque doré; sur le couvercle, encadrement entourant un paysage sur fond noir.

75 — Petit plateau en laque noir, décoré en or de fruits et de feuillages.

76 — Petite boîte à bijoux ornée d'un paysage et rosaces.

77 — Petite boîte à couvercle, ornée d'un semis d'or et de fougères sur fond noir.

78 — Très-joli plateau fond avanturiné; au centre, en or et en relief, un paysage et un cours d'eau.

79 — Boîte à couvercle, en laque or; sur le couvercle un village chinois sur fond noir.

79 *bis* — Autre boîte plus petite, même genre que la précédente.

80 — Plateau carré en laque avanturiné; au centre, une licorne trottant.

LAQUES DE CHINE

81 — Belle coupe en laque rouge de Pékin, très-riche d'ornementation à fleurs en relief; elle repose sur un socle en laque imitant le cloisonné, et supporté lui-même par un socle élevé en laque rouge de Pékin.

82 — Grande et belle boîte, à couvercle fond vert vanné, sur lequel se détachent, en rouge et en relief, des dragons et des caractères chinois.

83 — Boîte rectangulaire, en laque rouge; sur le couvercle, des personnages chinois près d'une habitation.

84 — Boîte octogone, en laque rouge, fond orné de lozanges; sur le couvercle, des fleurs en relief.

85 — Boîte en bois naturel ; le couvercle décoré en relief d'un paysage et de perdrix, en nacre, malachite et cristal de roche.

86 — Deux plus petites, même genre que la précédente ; sur le couvercle, personnage chinois.

PORCELAINES

87 — Très-beau vase cylindrique de la dynastie des Mings ; beau décor, fond vert fleuri, entourant six cartouches grands et petits représentant des animaux chimériques.

88 — Grand et beau brûle-parfums de la dynastie de Kien-Long ; beau décor de frises et de fleurs de tons divers sur fond rose, anses à S ornées de grecques.

89 — Beau vase d'ancienne fabrication, orné de fleurs et de frises en émaux de couleurs sur fond blanc.

90 — Deux vases cylindriques, fond rouge de cuivre entourant des médaillons d'oiseaux et de paysages.

91 — Grand vase à quatre pans, décor bleu rehaussé d'émaux rouges représentant des personnages chinois dans des paysages.

92 — Deux brûle-parfums de la dynastie de Kien-Long ; riche décor de Salamandres, bleu turquoise sur fond jaune impérial.

93 — Potiche en porcelaine de la Chine imitant les poteries de Satzuma.

94 — Très-beau vase, fond moucheté en rouge de feu, sur lequel se détachent en bleu des papillons, des fleurs et des
frises.

95 — Belle potiche émaillée en couleur, entourée d'un paysage.
avec femme chinoise et enfants.

BRONZES

96 — Deux grands et beaux vases en bronze du Japon, entièrement damasquinés d'argent, décorés de feuillages et
de quadrilles.

97 — Très-beau et grand vase en bronze chinois, entouré de
quatre frises damasquinées d'argent; la plus grande avec
l'emblème de la Vigilance.

98 — Deux coupes en bronze du Japon, très-richement déco-
rées de dragons damasquinés d'argent.

MEUBLES

99 — Table rectangulaire, avec plaque de porcelaine décorée
de figures dans des paysages; la plaque est d'une dimension remarquable.

100 — Autre table carrée, avec plaque en porcelaine; fond
bleu sur lequel se détachent en émaux de couleurs des
papillons et des fleurs.

101 — Table avec dessus formé d'une plaque en émail cloi-

sonné représentant, en divers tons, des fleurs sur turquoise.

102 — Deux petits meubles à hauteur d'appui, à un seul van-
tail, en laque de Chine, fond noir avec fleurs d'or, dessus en
marbre.

103 — Grande armoire à deux portes, en laque de Chine ;
même genre que les précédents.

104 — Deux guéridons ronds, avec plaques en émail cloisonné, ornées d'acessoires en couleur sur turquoise.

105 — Petite table, avec dessus en lapis-lazuli, d'une seule
pièce.

106 — Deux petits chiffonniers en laque du Japon, fond
. avanturiné, décor d'or.

107 — Grand guéridon en bois de fer, très-richement incrusté de burgau.

108 — Deux tables rectangulaires en bois de fer, même genre
que le précédent.

109 — Deux boîtes à bijoux, en bois de fer incrusté de burgau,
avec tiroirs et compartiments.

ÉTOFFES & TENTURES

110 — Magnifique tenture de boudoir, brodée en soie de
couleur sur satin bleu de Chine, composée de onze lés de
rideaux et dix médaillons pour siéges.

111 — Très-beau tapis de table en soie brochée du Japon représentant une divinité.

112 — Pièce de satin bleu du Japon, mesurant dix mè-
tres.

113 — Très-beau tapis de table, en soie rouge de Chine brodée de couleur, représentant des attributs entourés d'une
riche bordure.

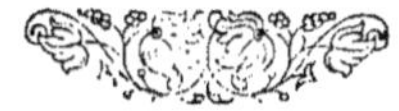

www.ingramcontent.com/pod-product-compliance
Lightning Source LLC
LaVergne TN
LVHW020850200726
843508LV00003B/1126